ÉTUDE

SUR LA

Modification du Régime Fiscal

DES SUCCESSIONS

Par P. PAULTRE

CHATEAUDUN

Imp. de la Société du *Patriote*. — H. PRUDHOMME, D[r]

—

1897

ÉTUDE

SUR LA

MODIFICATION DU RÉGIME FISCAL DES SUCCESSIONS

ÉTUDE

Modification du Régime Fiscal

DES SUCCESSIONS

Par P. PAULTRE

CHATEAUDUN

Imp. de la Société du *Patriote*. — H. PRUDHOMME, D[r]

—

1897

ÉTUDE

sur la

MODIFICATION DU RÉGIME FISCAL

DES SUCCESSIONS

Dans l'article de la *Revue bleue* « Faire quelque chose » reproduit par le *Patriote*, en tête du numéro du 17 janvier dernier, l'auteur, M. J.-P. Laffitte, constate avec tristesse, la nullité de la tâche accomplie par la Chambre actuelle des députés.

Cette infécondité, comparée à 'la prodigieuse production des travaux législatifs de tout ordre éclos au souffle puissant de la Révolution française, ne semble-t-elle pas la condamnation éclatante des errements suivis, avec une sorte d'aveugle entêtement, par ceux qui prétendent concilier les revendications socialistes, avec les règles immuables — pierre angulaire

de la société moderne — posées dans la
Déclaration des Droits de l'Homme ?

Il y aurait quelque chose de plus triste
encore que de ne rien faire, ce serait
de défaire l'édifice que nos pères ont
légué à l'admiration du monde.

Dans les mesquines luttes quotidiennes
entre les orateurs appartenant aux divers
groupes, se gaspille un temps précieux,
s'usent des intelligences d'élite, se rape-
tissent bénévolement des talents éprou-
vés. La majorité constamment surexci-
tée et comme affolée par l'aiguillon socia-
liste, semble parfois perdre aussi bien
la notion exacte du droit, que le sentiment de son propre devoir.

La réforme fiscale des successions en
fournit un exemple frappant. Ce projet
de remaniement des tarifs pourrait plus
justement s'appeler la réglementation
de la confiscation des héritages. Qu'est-ce
autre chose, en effet, qu'une véritable
spoliation, à propos de taxes fiscales et,
amère ironie, sous prétexte d'atténua-
tion et de répartition plus équitable de
ces taxes, que d'élever les tarifs au point
d'attribuer à l'État jusqu'au cinquième
de successions dont la majeure partie
restent d'ailleurs, malgré les fallacieuses
promesses de l'exposé des motifs, gre-
vées d'un passif qui peut réduire à une

proportion infime, la part laissée à l'héritier ?

Je passe sous silence la proposition
plus radicale qui supprimait totalement
la dévolution héréditaire, en ligne colla-
térale, au delà du sixième degré, de
telle sorte que l'Etat s'emparait des successions recueillies jusqu'ici par les cou-
sins issus de germain et, naturellement,
par tous les parents d'un degré plus
éloigné. Singulier libéralisme, et bien
conforme aux aspirations collectivistes,
que de restreindre le droit d'hériter!
Cette tentative saugrenue de modifier
dans une loi fiscale, l'une de nos plus
importantes lois civiles, a pourtant réuni
201 voix sur 543 ! Bien entendu les partis
qui souhaitent que l'Etat s'empare de
toutes les propriétés et, à plus forte
raison, de toutes les successions, ont
voté cela avec ensemble.

La réforme proposée repose sur deux
données également chimériques :

1° La nécessité de rétablir l'équité
blessée par la perception des droits de
mutation sur l'actif héréditaire brut,
c'est-à-dire sans en distraire les dettes et
charges qui le grèvent ;

2° La division des héritiers en dix classes ou catégories comportant chacune des tarifs particuliers, d'après l'importance de l'héritage présumé recueilli.

Le projet conserve d'ailleurs, pour chaque classe ou catégorie, une seconde graduation des droits, étagés en raison de l'éloignement du degré de parenté des héritiers. Cette dernière tarification fondée sur une saine et intelligente appréciation du degré de faveur à accorder à chaque nature de mutation, n'est pas une innovation : elle existe depuis longtemps.

Les auteurs du projet comptent sur un bénéfice, au profit du Trésor, assez considérable pour faire face à la diminution devant résulter de la distraction du passif déductible, et pour permettre de réduire les droits dont sont frappées les ventes immobilières. D'où l'on peut conclure que le prétendu cadeau promis à certains héritiers est beaucoup plus que compensé par les charges nouvelles qui vont s'abattre sur tous les autres, aussi bien que sur eux-mêmes.

Ce qui résultera de l'application de la loi nouvelle, si elle est votée dans les conditions adoptées par la Chambre, c'est tout autre chose qu'une amélioration de ce qui existe. C'est, au contraire, je vais essayer de le démontrer, une sur-élévation énorme de droits déjà excessifs, l'arbitraire mis à la place de la règle, une excitation à la fraude et un moyen de la commettre dans des conditions telles, qu'elle ne saurait manquer de tarir la source des recettes qu'on vise à conserver, sinon à améliorer.

L'examen du projet portera sur les deux innovations indiquées ci-dessus : la déduction des dettes et la classification des héritiers.

I.

DÉDUCTION DU PASSIF

Les droits perçus par le Trésor, à l'ouverture de chaque succession, c'est-à-dire au moment où l'héritier s'enrichit d'une façon parfois inattendue, sont de ceux qui se paient le plus volontiers.

Tel est le motif dont le législateur paraît s'être inspiré, à diverses époques, lorsque des nécessités budgétaires ont fait rehausser les droits de transmission à titre gratuit. Aussi ces majorations successives ont-elles fini par élever certains articles du tarif des successions à un taux qui dépasse maintenant onze pour cent. Une taxe de cette importance constitue un appât sérieux pour la fraude. Les contribuables peu scrupuleux se sont ingéniés à la réduire par des moyens variés, dont l'énumération sortirait du cadre de cette étude. Qu'il suffise de dire que la peine du droit en sus encourue de cette façon, véritable amende susceptible d'être remise par le ministre des finances, est si souvent appliquée — et elle ne l'est pas toujours, loin de là! — que l'instruction des pétitions en remise gracieuse ou des difficultés soulevées, surcharge considérablement le travail des bureaux.

Rien de plus naturel donc, que les plaintes de ceux dont l'héritage frappé de ces droits, se trouve, par surcroit, grevé de dettes laissées par le défunt.

Dans l'état actuel des choses, ces dettes n'étant pas déduites pour la perception, les droits se trouvent dus sur l'ensemble d'un avoir dont partie devra être remise aux créanciers de la succession.

La verve des réformateurs a trouvé, depuis un siècle, un thème facile dans la dureté de cette perception qui n'avait nullement échappé au législateur de l'an VII. En présentant au Conseil des Cinq Cents le projet qui est devenu l'admirable loi du 22 frimaire, M. Duchâtel avait, en effet, déclaré qu'on ne pouvait distraire les dettes passives des successions, sans compromettre « absolument » le droit d'enregistrement. Il pensait, avec raison, qu'en introduisant, dans la loi, le principe de la déduction des dettes, on provoquerait la création artificielle de passifs fictifs, simples trompe-l'œil, destinés à masquer l'importance réelle des héritages.

C'est donc pour ne pas ouvrir une porte à la fraude que cette rigueur législative s'est perpétuée en France.

Plusieurs nations voisines, plus hardies ou moins prudentes, sont entrées dans la voie de la déduction, mais en prenant des mesures plus ou moins ingénieuses contre les simulations. Leurs administrations chargées de la perception se plaignent des abus commis à l'abri de ces lois dont la plupart n'ont d'ailleurs admis la déduction, qu'en accompagnant cette innovation libérale d'un accroissement énorme des tarifs.

De nombreuses tentatives prouvent au surplus que cette réforme ne nous a jamais laissés indifférents.

L'augmentation de tous les droits de mutation par décès, résultant de la loi du 18 avril 1816, détermina un mouvement d'opinion en faveur de la distraction des dettes et, dès 1819, le baron Louis instituait une commission de sept membres qui conclut à la déduction du passif *hypothécaire*.

Ces conclusions ne furent pas adoptées.

Sous le gouvernement de Juillet, le comte Roy proposa, dans le même sens, une loi qui ne fut pas accueillie par la Chambre des Pairs.

Nouvelle proposition, en 1849, repoussée par la commission d'initiative qui fit remarquer que « ce système, en appa-
« rence si favorable au contribuable,
« malgré le caractère draconien des
« pénalités imposées, ferait perdre au
« fisc, qui n'aurait aucun moyen de s'as-
« surer de la réalité du passif, des
« recettes que l'élévation des. tarifs ne
« lui rendrait pas ».

La commission conclut au rejet.

Le gouvernement du second Empire fit préparer, en 1864, un projet admettant une réforme analogue qui, quoique bien timide, fut repoussé par le conseil d'Etat.

Pétitions sur pétitions, projets sur projets, rapports sur rapports, en 1866, 1869, 1870, 1871, 1872, 1875, 1876, qui n'aboutirent jamais : les nécessités financières ne le permettaient pas.

L'initiative du gouvernement s'exerça, pour la première fois, en 1888. Le projet, repris en 1889, rapporté en 1890, adopté en 1891, amendé en 1894 et 1895, fut enfin voté, dans le cours de cette dernière année, par la Chambre des députés.

Il vint, à son tour, échouer au Sénat qui l'étudie encore !

Une gestation si pénible est incontestablement l'indice du sentiment intime d'un danger des plus sérieux que les « nécessités financières » actuelles n'atténuent nullement, tant s'en faut !

Il importe donc de se garder de l'enthousiasme un peu enfantin que les promesses d'un dégrèvement quelconque semblent avoir fait naître dans les esprits enclins à l'optimisme. On va voir, en effet, que le prétendu *dégrèvement* aboutit à une *surcharge ;* que la mesure présumée équitable constitue, en fait, une iniquité criante pour les citoyens les plus dignes d'intérêt ; qu'elle donnera fatalement naissance à une fraude dont l'effet inévitable sera de restreindre, dans des proportions inattendues, des recettes plus que jamais nécessaires à l'équilibre de nos budgets.

Les anciens projets mentionnés ci-dessus visaient certaines catégories de dettes en dehors desquelles la déduction

était refusée. Celui que la Chambre des
députés a voté en 1895 donne une indi-
cation des plus vagues. Le rapporteur
semble s'en féliciter ! « Le texte actuelle-
« ment présenté à la Chambre, déclare-
« t-il, et qui fait l'objet du présent rap-
« port, étend la déduction à toutes les
« dettes civiles susceptibles de faire
« preuve en justice (?) et aux dettes
« commerciales justifiées (?) par les
« livres de commerce. »

Chaque demande de déduction donnera
lieu naturellement à une appréciation ;
aussi la loi ajoute-t-elle : « Toute dette
« au sujet de laquelle l'agent de l'admi-
« nistration aura jugé la justification
« insuffisante, sera écartée pour la per-
« ception, sauf aux parties à se pourvoir
« en restitution. »

« Se pourvoir en restitution » cela veut
dire, en bon français, engager un procès
contre l'administration qui, plaidant
gratis, suit généralement les affaires
contentieuses jusqu'en cassation.

Il est clair que l' « humble », le
« faible », le « déshérité », dont la pro-
tection paraît être si souvent l'unique
souci de nos honorables, ne plaidera
jamais ; il est d'avance sacrifié !

Le rapport constate, il est vrai, que le
Directeur général a donné l'assurance

que l'esprit « libéral » qui a inspiré la loi ne sera pas méconnu par ses agents. La commission parlementaire a pris acte de ces paroles et « souhaité » qu'elles demeurent la règle de l'administration.

Certes on ne peut douter ni de la franchise de la promesse, ni de la parfaite loyauté de l'administration actuelle prise dans son ensemble.

Est-ce suffisant? Non, cent fois non !

Il se trouvera toujours un plus ou moins grand nombre d'employés zélés, avides d'avancement, qui, dans l'intérêt du Trésor, pressureront... non pas les personnages puissants ou influents : ils s'en garderont bien ! mais tous les autres. S'il s'élève des plaintes, l'excuse du « zèle » ne fera pas défaut, ni l'intervention du protecteur non plus. On restituera peut-être ; mais l'avancement sera certain et cet exemple produira plus d'effet sur les collègues que toutes les assurances actuelles.

Je le répète : ces ententes verbales ne valent rien, ne signifient rien !

Si les recettes baissent, et cette éventualité n'est que trop aisée à prévoir, le ministre se plaindra, l'administration fera appel au « zèle » des supérieurs, lesquels stimuleront les agents de perception.

La promesse la plus sincère ne vaut pas le moindre bout d'article net et clair inséré dans la loi.

On ne peut d'ailleurs se méprendre sur la portée de cette promesse officielle, c'est vrai, mais extra légale, acceptée par une simple commission parlementaire, et ratifiée implicitement par la Chambre. C'est en résumé le « bon plaisir » des siècles passés, transféré d'une tête royale à une administration républicaine, et cela, au moment même où se trouve rétablie une classification des contribuables distribués en catégories plus ou moins *privilégiées.* La Chambre accomplit ainsi, sans paraître s'en douter, la restauration des deux abus les plus monstrueux de l'ancienne monarchie de droit divin, et ce, en matière d'impôts, c'est-à-dire là où ils sont le plus inadmissibles, sous un gouvernement libre.

L'égalité devant la loi et devant l'impôt est en quelque sorte la clef de voûte de l'édifice républicain dû à la Révolution française. Singulier progrès que de supprimer l'une de ses plus précieuses conquêtes !

Nous venons de voir que, d'après la loi nouvelle, le receveur des successions serait JUGE de l'admission des titres des dettes civiles et des justifications des dettes commerciales établies par les livres de commerce.

Il convient de remarquer que son jugement devra être instantané, si l'héritier se présente, comme cela arrive assez souvent, à la dernière heure du délai imparti par la loi, pour passer les déclarations. La remise, non pas à huitaine, mais seulement à quelques minutes, rendrait le demi droit en sus exigible.

Or, comme, d'une part, les écrits sousseing privé font foi en justice ; que, d'un autre côté, les registres de commerce, dans les villes commerciales de quelque importance, sont assez nombreux et volumineux, le receveur des successions, en outre de la solution des autres difficultés souvent très ardues dont sont hérissées certaines liquidations, devra, pour obéir aux instructions « libérales » indiquées ci-dessus, et pour ne pas accorder néanmoins des modérations de droits intempestives :

1° Connaitre toutes les signatures qu'on lui présentera;

2° Savoir que la comptabilité commerciale soumise à ses investigations ne contient pas de tiroir à double fond.

Comme on le voit, le rôle de ce juge exigera des facultés divinatoires très développées, et il n'est pas téméraire de supposer que, pressé par le temps, il n'ait une tendance à examiner superficiellement ce qu'il lui est d'ailleurs matériellement impossible de connaître, et, par suite, à admettre ou à rejeter à la légère les justifications qu'on lui produira.

Une réflexion que le public ne manquera pas de faire, à tort ou à raison, c'est que si, pour un impôt aussi lourd, on entrebâille, pour un motif quelconque, la porte des concessions, la faveur l'ouvrira toute grande et y passera toute seule.

II.

CLASSIFICATION DES HÉRITIERS

L'article 13 de la Déclaration des Droits de l'Homme porte que la contribution aux charges publiques doit être « également répartie entre tous les citoyens, en raison de leurs facultés. »

Jusqu'ici on a toujours interprété le mot « facultés » dans le sens de la proportionnalité. Si l'héritage de 1.000 francs doit payer 10 francs, l'héritage dix fois plus faible, soit 100 francs, paiera, disait-on, dix fois moins, soit un franc. Cela semble logique. En tout cas, c'est simple, accessible aux calculs des citoyens les moins instruits qui peuvent faire eux-mêmes, d'avance, leur compte, ce à quoi ils tiennent plus qu'on ne pense. Le concours du notaire, de l'homme de loi, du simple agent d'affaires, concours indispensable et onéreux, dès qu'apparaît la moindre complication, est, pour eux, un supplice auquel ils désirent ardemment se soustraire.

Or ce système est devenu trop simple, paraît-il, et, dans l'intérêt des humbles, naturellement — aujourd'hui c'est toujours dans cet intérêt-là que se font les complications — on veut l'embrouiller si complètement, qu'il devient parfaitement inexplicable.

Si, observe-t-on, celui qui hérite de 1.000 francs peut payer un droit de 10 francs, celui dont l'héritage est dix fois plus considérable, PEUT évidemment payer plus que les 100 francs qu'on lui réclame actuellement, puisqu'il lui reste 9.900 francs, tandis que l'autre n'a plus que 990 francs.

En pressant cet argument, on voit que ses facultés, comparées à celles de l'autre, lui permettent de payer 9.000 fr. de plus que celui-ci, c'est-à-dire 9.010 fr., au lieu de 100 francs. En effet, le paiement de cette somme effectué, il lui

resterait exactement autant qu'à l'autre,
soit 990 francs ; l'équilibre serait parfait,
et le principe des « facultés » bien appliqué.

Est-ce là ce que visent nos réformateurs ?

Si ce n'est pas cela, on peut défier le
plus habile d'entre eux de dire ce que
c'est, et de donner une définition exacte
du mot « facultés ».

Vainement croient-ils se tirer d'affaire
en établissant des catégories : il suffit de
les examiner un instant, ces catégories,
pour se convaincre de l'absurdité du
système. Les voici :

1re cl. Héritages de		1 à 1.000 fr.
2e cl.	—	1.001 à 2.000 »
3e cl.	—	2.001 à 10.000 »
4e cl.	—	10.001 à 50.000 »
5e cl.	—	50.001 à 100.000 »
6e cl.	—	100.001 à 250.000 »
7e cl.	—	250.001 à 500.000 »
8e cl.	—	500.001 à 1 million
9e cl.	—	1.000.001 à 3 millions
10e cl.	—	3 mill. et au-dessus.

Ces cascades inégales ont le premier
inconvénient, ne reposant sur aucune
donnée qui ait un rapport, même lointain,
avec l'arithmétique et la logique, de lais-

ser la porte ouverte à toutes les réclamations et à toutes les récriminations ; et le second, de pousser tous les héritiers d'une classe supérieure à la plus faible, à dissimuler une partie de leur avoir, pour se faire ranger dans une catégorie inférieure à la leur ; en un mot de frauder, pour obtenir un tarif plus modéré. Les tendances à la fraude ne sont déjà que trop prononcées ; il semble au moins inopportun, lorsqu'on crée de nouvelles facilités de fraude, de pousser les contribuables dans cette voie.

Leurs catégories, ainsi arbitrairement établies, les auteurs du projet imposent, savoir :

La 1re classe de 0 fr. 50 % à 4 fr. 25 % pour la ligne directe, les époux et les frères et sœurs ;

La 2e cl. de 1 » % à 14 » %
La 3e cl. de 1.25 % à 14.50 %
La 4e cl. de 1.50 % à 15 » %
La 5e cl. de 1.75 % à 15.50 %
La 6e cl. de 2 » % à 16 » %
La 7e cl. de 2.50 % à 17 » %
La 8e cl. de 3 » % à 18 » %
La 9e cl. de 3.50 % à 19 » %
La 10e cl. de 4 » % à 20 » %

d'après le degré de parenté des héritiers avec le défunt.

Cette progression des droits affecte,

pour la régularité qui préside aux opé-
rations mathématiques, un dédain à peu
près égal à celui que révèle la formation
des catégories. L'originale progression
de celles-ci s'arrête à trois millions :
Pourquoi?

Est-ce que celui qui fait un héritage de
100 millions, par exemple, n'acquiert pas,
ipso facto, des « facultés » très supé-
rieures à celles qui échoient à l'héritier
de 3 millions ?

Ou porterait-on moins d'intérêt à celui-
ci qu'à celui-là ?

Pourquoi?

Les instincts démocratiques de nos
députés exigent-ils pour être satisfaits
qu'on favorise :

1° Ceux qui recueillent moins de
1.000 francs ;

Et 2° ceux qui recueillent beaucoup
plus de 3 millions?

Les habiles en question obtiendraient
un succès peu banal, s'ils donnaient une
raison satisfaisante de cette bizarrerie-là.
En attendant qu'ils l'aient trouvée, voici
une autre objection qu'on peut soumettre
à leurs méditations.

Vous fixez un héritage à 1.000 francs,
10.000 francs, 100.000 francs, etc., en
retranchant de l'actif tout le passif que
vous daignez considérer comme déduc-

tible et en considérant comme un mythe les dettes que vous déclarez non déductibles — que l'héritier serait heureux, si votre opinion faisait loi pour les créanciers ! — mais comment se fait-il, si vous proportionnez la quotité des droits de succession aux « facultés » de l'héritier, que vous soumettiez au tarif de 0 fr. 50 %, le millionnaire qui ne recueille qu'une succession de 1.000 francs, et que vous exigiez 20 % du malheureux dont l'héritage opulent, selon vous, va devenir la proie de ses créanciers personnels ?

Que devient la théorie des « facultés » qui sert de base à votre prétendue progression ? Cette indiscutable contradiction met à nu le vice fondamental de votre système.

Quiconque croit faire œuvre démocratique, libérale, égalitaire, ou seulement morale, en s'écartant, ne fût-ce qu'un instant, des règles immuables, des principes fixes établis par les maîtres dont vous vous montrez les peu dignes disciples, commet une erreur grossière, se fourvoie dans l'arbitraire, prépare le gâchis et tous les mécomptes, tous les déboires qui en forment l'inévitable cortège.

Comment la Chambre des députés a-t-elle pu voter une loi semblable ? Il n'y manque pourtant ni des hommes supérieurs versés dans toutes les connaissances administratives, ni les études approfondies et savantes sur la matière, ni la bonne volonté de la majorité.

En comparant notre époque à la fin du siècle dernier, on ne voit pas que nos embarras financiers, pour graves qu'ils soient, dépassent, tant s'en faut, les difficultés formidables auxquelles nos pères avaient à faire face, difficultés qu'ils ont vaillamment affrontées et vaincues. Mais pénétrés de la tâche immense qui leur incombait : défense de la patrie menacée sur toutes ses frontières, suppression d'abus séculaires, organisation de la liberté et de l'égalité, les grands hommes de cette époque de géants n'ont jamais perdu de vue un idéal pur et élevé. Ils n'avaient pas de temps à dépenser en discussions oiseuses et stériles et auraient cru commettre un crime de lèse-nation en prêtant l'oreille aux criailleries des babouvistes. Ce sera leur éternel honneur d'avoir, en des temps si troublés, conservé le calme de la vraie sagesse et légiféré, non pas en vue d'une coterie, d'une ou plusieurs catégories d'individus, mais en quelque sorte pour l'humanité entière ; d'avoir, en un mot, posé avec une précision lumineuse, la base même des droits primordiaux de l'homme.

On dirait que nos députés s'attachent à prendre le contrepied de ces larges vues d'ensemble, pour se perdre dans les distinctions puériles, les exceptions et les détails, sans paraître se douter, d'ailleurs, que ni la liberté ni l'égalité ne trouvent leur compte à ces lois boiteuses, étriquées et débiles, où tout semble frappé de caducité, avant même d'avoir subi l'épreuve de la pratique.

En réalité, quelle innovation heureuse la réforme votée par la Chambre contient-elle ?

Plus de libéralisme ? Assurément non, puisque les charges imposées à l'ensemble des héritiers sont, en définitive, sensiblement aggravées et doivent procurer un excédent de recettes que le gouvernement entend appliquer au dégrèvement des ventes immobilières ;

Plus d'équité, de sécurité pour les contribuables ? Encore moins, puisque le législateur remet à une administration devenue omnipotente, et en quelque sorte omnisciente, le droit de fixer elle-même la limite des déductions à accorder, et ce, en échange d'une promesse verbale dont rien ne garantit l'exécution pour l'avenir.

Comme l'a fait remarquer le rapporteur, cette loi se suffit à elle-même ; ce qui veut dire que, si elle dispense l'héritier Pierre de payer les droits sur le passif déductible, elle exige, en retour, que l'héritier Paul paie, sous forme de surtaxe, la somme dont Pierre bénéficie, alors même que Paul se trouverait lui-même en face d'un passif réel, mais non déductible, ou non reconnu comme tel par l'administration.

D'où il résulte que ce dernier verra sa situation déjà fâcheuse, non pas améliorée, mais aggravée par la loi nouvelle.

Or Paul est l'héritier de bonne foi, le mineur, l'incapable, qui ne veut ou ne peut frauder, ou dont les réprésentants légaux ne s'exposeront pas personnellement aux dangers que leur ferait courir une fraude organisée dans son intérêt.

Un exemple va mettre en relief l'énormité de la double injustice que la loi permettra de commettre en certains cas au nom de l'équité.

Deux légataires universels, Pierre et Paul, recueillent chacun la succession d'un oncle par alliance, succession présentant un actif brut de plusieurs millions. Tarif actuel : 11.25 % ; tarif futur : 20 %.

L'oncle de Pierre avait acheté une pro-

priété considérable dont il a payé le prix
la veille de son décès, soit le 3 mai.
Quelques mois après, Pierre se présente
chez le vendeur. La quittance du prix est,
dit-il, égarée ; il en demande un dupli-
cata. Le vendeur le lui donne, après s'être
fait indiquer la date du paiement qu'il a
oubliée ou dont il n'a pas pris note. Pierre
dicte : le 5 mai (lendemain du décès). Cette
substitution de date l'affranchit des droits
sur le montant du prix qui est censé
avoir formé un passif grevant la succession de son oncle. Son droit de 20 %
se trouve ainsi réduit à 10 %, 5 %, 1 %
ou même à zéro, si l'actif ne dépasse pas
ce prix !

De son côté, Paul, dont l'oncle était, au
su de tout le monde, criblé de dettes,
croit pouvoir, grâce à la loi tutélaire qui
vient d'être votée, sauver quelques bribes
de la fortune jadis considérable qu'il est
appelé à recueillir. Erreur ! Les dettes ne
sont pas déductibles ou pas jugées telles
et, bien loin de tirer avantage des dispo-
sitions de cette loi, il apprend qu'elle a
doublé l'ancien droit ! Une seule ressource
lui reste : renoncer à la succession, s'il
n'a pas commis l'imprudence de faire acte
d'héritier, auquel cas l'administration
poursuivra, sur ses biens personnels, le
paiement d'une somme égale au cin-

quième de l'actif brut d'une succession que les créanciers se partageront sans lui en rien laisser. C'est plus d'un demi-million qu'il déboursera pour ne 'rien toucher, tandis que Pierre s'enrichira de plus de cinq fois cette somme, sans avoir peut-être à débourser un centime !

Dans l'exemple ci-dessus il n'a pas été question de la connivence du vendeur de la propriété acquise par l'oncle de Pierre, mais seulement d'une erreur commise par lui. Dans la pratique, l'énormité des nouveaux droits appliqués aux grosses successions rendra les collusions fréquentes, on n'en saurait douter.

Pour les prévenir, on a songé d'abord à des pénalités d'une sévérité excessive. On devrait pourtant savoir que, en pareil cas, l'extrême rigueur conduit à un résultat opposé à celui qu'on en attend. On a projeté de frapper l'héritier et le créancier d'une amende égale au quart de la somme dissimulée, comme cela existe en matière de vente d'immeubles. Or, l'amende prononcée contre les auteurs des dissimulations de portions de prix n'est jamais appliquée, précisément à cause de son énormité, non pas parce que les dissimulations de ce genre ont cessé : elles n'ont jamais été plus fréquentes, au contraire ; l'administration seule l'ignore, naturellement, mais parce que les contractants, vendeur et acquéreur, ne se laissent jamais prendre. L'un et l'autre croiraient commettre une action déloyale en conservant la preuve d'une convention secrète qu'ils jugent ne regarder qu'eux seuls.

Le notaire a beau lire les articles 12 et 13 de la loi du 13 août 1871, on ne l'écoute pas. Aussi se dispense-t-il le plus souvent de cette lecture, comme il se dispense de la présence soit du notaire en second, soit des témoins instrumentaires, pour la confection de ses actes.

C'est le propre des lois absurdes de tomber vite en désuétude. Rien n'est plus ridicule que de ne pas abroger ces lois... si ce n'est d'en faire de semblables, et rien n'est plus triste que de voir des législateurs perdre leur temps à cette tâche ingrate.

Dans le projet sur les successions, l'amende du quart, abandonnée d'ailleurs par nos députés, a été remplacée par un triple droit imposé pour deux tiers à l'héritier et pour un tiers au créancier. La menace suspendue sur la tête de ce dernier n'aura d'autre effet que de l'obliger à prendre les précautions nécessaires pour paralyser l'action de l'administration ; et dans sa résistance au fisc, toutes les sympathies se tourneront de son côté, comme c'est, hélas ! trop souvent le cas en France. Ce sentiment, si vivace dans notre pays, semble comme un reste de levain des rancunes amassées, sous l'ancien régime, dans le cœur du peuple « taillable et corvéable à merci et miséricorde. »

Quand donc nous pénètrerons-nous de cette vérité si simple que, pour être respectée, la loi doit être humaine, claire, précise et surtout équitable ?

La masse des citoyens ne comprendra pas que, sous le prétexte d'accorder la déduction du passif, et peut-être d'un passif imaginaire, on grève tous les héritiers, dont le plus grand nombre ne sont pas admis à en profiter, de droits énormes destinés à couvrir le déficit devant résulter :

1° Des déductions légitimes ;

2° De celles qui ne le sont pas ;

3° Du dégrèvement des ventes immobilières.

Elle n'admettra pas davantage l'arbitraire législatif des classifications d'héritages, ni l'arbitraire administratif et fiscal du choix des dettes à admettre ou à rejeter.

Elle ne saurait surtout considérer comme un progrès, l'arbitraire substitué à la règle, règle rigoureuse, il est vrai, mais égale pour tous ! car elle sait que l'arbitraire conduit au gâchis et le gâchis aux pires mécomptes.

On ne peut trop le répéter : dans l'état de nos finances la mise en pratique d'une pareille loi constituerait, à tous les points de vue, une expérience lamentable !

P. PAULTRE

ERRATUM. — Page 14, 8ᵉ ligne, après les mots : dettes civiles, ajouter : *établies par des titres.*

9 782014 051834